AMAZON
GÉNIE DE L'E-COMMERCE

— « Travailler dur, s'amuser, écrire l'histoire » Jeff Bezos

par Myriam M'Barki

50MINUTES

AMAZON   5

PRÉMICES : L'IDÉE D'UNE LIBRAIRIE EN LIGNE   7

Les jeunes années de Jeff Bezos

Un jeune homme d'affaires

La légende se crée

DÉVELOPPEMENT DE L'ENTREPRISE   13

La création de la start-up

Amazon coté en Bourse

Le triomphe d'Amazon

La culture de l'entreprise

AMAZON AUJOURD'HUI : UN HORIZON DÉGAGÉ POUR LE GÉANT DE LA VENTE EN LIGNE   24

Perspectives – Résultats et ajustements

Défis futurs et freins

EN RÉSUMÉ   28

POUR ALLER PLUS LOIN   32

AMAZON

En moins de deux décennies, Amazon est devenu le leader mondial du commerce en ligne. Propulsé sur le devant de la scène, il fait aujourd'hui partie des « *Big Four* » (les quatre grands d'Internet) avec Apple, Google et Facebook. Depuis son introduction en Bourse en 1997, sa capitalisation boursière est passée de 148 millions $ à plus de 200 milliards $ en juillet 2015. Modèle de réussite économique par excellence, société aussi courtisée que critiquée, Amazon n'hésite pas à se donner les moyens pour imposer sa suprématie. Face à la concurrence de plus en plus rude, Amazon déploie ses ailes et lance, chaque année, de nouveaux produits ou services innovants.

Pourtant, les débuts n'ont pas été des plus simples. Malgré un business model inhabituel – ce qui ne manque d'ailleurs pas d'inquiéter les investisseurs dans un premier temps –, lorsque la « bulle internet » éclate au tout début du XXIe siècle à cause d'une surévaluation boursière des jeunes sociétés de technologie, entraînant avec elle la destruction de nombreuses entreprises de commerce électronique, Amazon survit et parvient à générer ses premiers bénéfices au dernier trimestre 2001 : cinq millions $, soit un centime par action, sur un chiffre d'affaires de plus d'un milliard $. Cette marge, bien que modeste, finit par montrer aux yeux du monde et aux plus sceptiques que ce business model non conventionnel pouvait réussir.

Si aujourd'hui on peut trouver de tout sur Amazon (« *an everything store* »), la société ne vendait à l'origine que des livres papier, avant de se diversifier dans la vente de produits électroniques (CD, DVD, logiciels, appareils photo, jeux vidéo, équipements de maison, bijoux, etc.), dans les contenus numériques (livres électroniques, vidéos et musique en ligne, etc.), dans la vente de ses propres appareils électroniques (les liseuses Kindle, le Smartphone Fire Phone, etc.) ou encore en lançant sa gamme de services dans le *cloud* (Amazon Web Services). Amazon a depuis acquis et pris des participations dans pas moins de 60 sociétés différentes, et a développé son site internet sur quatre continents.

QUELQUES DONNÉES

- **Fondateur ?** Jeff Bezos (entrepreneur américain, 30 ans).
- **Création de la société ?** Le 5 juillet 1994 à Seattle, Washington, États-Unis.
- **Lancement commercial ?** Juillet 1995 sur le marché américain.
- **Secteur d'activité ?** Commerce électronique en ligne (e-commerce).
- **Chiffres clés ?**
  - Depuis ses débuts, le chiffre d'affaires d'Amazon s'est multiplié par 420, atteignant près de 90 milliards $ en 2014.
  - En 2013, Amazon comptait 237 millions d'utilisateurs, contre 270 millions en 2014 et 300 millions en 2015. Leur nombre augmente d'environ 30 millions chaque année depuis 2009.
  - En 2015, Amazon est présent dans 14 pays : États-Unis (1995), Allemagne (1998), Royaume-Uni (1998), France (2000), Japon (2000), Canada (2002), Chine (2004), Italie (2010), Espagne (2011), Inde (2012), Brésil (2012), Mexique (2013), Australie (2013) et Pays-Bas (2014).

PRÉMICES :
L'IDÉE D'UNE LIBRAIRIE EN LIGNE

LES JEUNES ANNÉES DE JEFF BEZOS

L'enfance de Jeffrey Preston Bezos (né en 1964) annonce déjà le haut potentiel et l'obstination qui caractériseront l'homme d'affaires intrépide en devenir. Né dans l'État du Nouveau-Mexique aux États-Unis dans le courant des années soixante, il est élevé par sa mère et son père adoptif, d'origine cubaine, dont il hérite du nom. Écolier doué, Bezos rêve de devenir un inventeur ingénieux. Alors qu'il est à peine âgé de 8 ans et qu'il vient de réussir un test d'aptitudes, ses parents l'inscrivent à l'école primaire River Oaks à Houston (Texas, États-Unis) pour qu'il suive le programme Vanguard (programme éducatif texan pour enfants surdoués). Durant son adolescence, il manifeste et développe un certain talent pour conceptualiser et créer toutes sortes de gadgets et de robots.

HOW DOES IT WORK?

Une seule motivation pousse le jeune garçon à entreprendre ses expérimentations et à mettre au point des inventions : comprendre comment tout cela fonctionne pour en tester les limites et imaginer les évolutions possibles. Véritable visionnaire, il met par exemple au point des aéroglisseurs ou encore une cuisine à énergie solaire.

Au lycée, Bezos reçoit plusieurs fois la récompense du meilleur étudiant en sciences et en mathématiques – le directeur de l'établissement ne manque d'ailleurs pas une occasion pour le montrer en exemple aux visiteurs de passage. Tandis qu'une entreprise locale permet à un groupe d'élèves de l'école, dont Bezos prend la tête, d'utiliser un surplus d'ordinateurs, il en profite pour faire ses premiers pas dans la programmation informatique.

Bezos, qui est marqué par un fort esprit compétitif depuis son adolescence, se surpasse constamment et sort major de sa promotion au lycée. Chargé de prononcer le discours traditionnel de fin de scolarité devant l'assemblée, il exprime déjà son désir de conquête spatiale, son souhait de préserver la Terre et ses ressources naturelles en imaginant un futur en orbite spatiale pour la race humaine.

BLUE ORIGIN : QUAND JEFF BEZOS PART À LA CONQUÊTE DE L'ESPACE

Blue Origin est une société créée en 2000 par Jeff Bezos, soit deux ans avant Space X ou encore Virgin Galactic – entreprises également actives dans le domaine de l'astronautique –, qui travaille sur le développement de fusées au moteur suborbital. Le vol suborbital consiste à augmenter la vitesse de propulsion de l'engin spatial afin qu'il puisse se maintenir en orbite et se stabiliser une fois arrivé dans l'espace. Cette pratique permet de réduite considérablement les coûts liés au carburant du vaisseau puisque sa vitesse de déplacement est plus lente et provient de la force de sa propulsion.

Il entre ensuite à la prestigieuse université de Princeton (New Jersey, États-Unis) avec l'intention d'y suivre des études de physique. C'est finalement avec deux diplômes en poche – en informatique et en ingénierie électrique – qu'il sort en 1986.

UN JEUNE HOMME D'AFFAIRES

Jeff Bezos vit ses premières expériences professionnelles à Wall Street. Il travaille d'abord pour Fitel (de 1986 à 1988), une start-up active dans les réseaux de télécommunication destinés aux transactions monétaires, avant de se retrouver chez D. E. Shaw & Company (DESCO, créé en 1988 par David E. Shaw, né en 1951), un fonds d'investissement spéculatif particulièrement novateur qui redéfinit le secteur ; des informaticiens y élaborent des formules mathématiques complexes afin de parvenir à calculer les estimations et les fluctuations du marché de la finance.

C'est durant son passage dans les bureaux de DESCO (de 1988 à 1993) que Jeff Bezos se forge sa vision des choses en matière de management d'entreprise. Très méticuleux, précis, méthodique et discipliné, il note consciencieusement toute nouvelle information apprise sur la stratégie de recherche et de développement de la société pour être sûr de n'en perdre aucune miette. Il apprend énormément de cette expérience professionnelle et son PDG restera d'ailleurs pour Bezos une source d'inspiration tant la pensée de ce dernier est visionnaire, créative et audacieuse. C'est à cette époque que Bezos et certains de ses collègues, dont David Shaw lui-même, commencent à imaginer une boutique en ligne où l'on trouverait de tout, sans pour autant développer le projet.

JEFF BEZOS ET DAVID SHAW

Il semblerait que le dirigeant de DESCO ne recrutait pas uniquement des financiers, contrairement à ce que l'on pourrait croire : il engageait également des mathématiciens et des experts scientifiques prodigieux qui pouvaient s'appuyer sur de bonnes références. Très apprécié par le fondateur de l'entreprise pour ses talents, son intelligence et sa personnalité ambitieuse, Jeff Bezos se voit rapidement promu au grade de vice-président (1992).

Cette belle carrière au royaume de la finance prend pourtant fin lorsqu'une simple lecture – celle d'un article traitant du potentiel de la netéconomie, l'économie se développant sur Internet – change soudainement le cours de son existence...

LA LÉGENDE SE CRÉE

Nous sommes en 1994, Jeff Bezos a 29 ans et Internet en est à ses balbutiements. On dénombre à peine 500 sites, et le commerce en ligne n'existe pratiquement pas, alors que de nombreux experts du monde de la finance prévoient déjà, à cette époque, un renouvellement du commerce de détail. En 1992, une librairie en ligne, Book Stacks, aujourd'hui appelée Books.com, se lance dans l'aventure et s'installe sur ce marché prometteur.

Réalisant le potentiel commercial de cette véritable révolution, Bezos dresse une liste des 20 produits qui, selon lui, devraient pouvoir s'adapter à la vente en ligne, autrement dit ceux pour lesquels Internet apporterait une plus-value par rapport à la distribution traditionnelle. Le livre apparaît en haut de la liste, devant la musique, les vidéos, les ordinateurs et les logiciels, car sa mise en vente est particulièrement laborieuse (notamment à cause du référencement de chaque titre) et chronophage. Le commerce électronique procure par contre la possibilité de créer une offre bien plus vaste que celle des librairies classiques : il élimine les contraintes des points de vente physiques et permet de contacter un nombre illimité de clients plus facilement.

Des questionnements plein la tête, il s'envole pour Los Angeles afin d'assister à l'*American Booksellers Convention* (« la Convention des libraires américains ») pour en apprendre davantage sur les dynamiques du secteur du livre. Très impressionné par les avancées réalisées dans le domaine, il apprend notamment que le principal libraire américain, Barnes & Noble (imprimeur depuis 1873 et libraire à partir de 1917), a déjà dressé un inventaire électronique des titres qu'il distribue.

Malgré quelques craintes liées à la sécurité de l'emploi, il décide tout de même de quitter son poste chez DESCO – pourtant très bien rémunéré – pour se lancer dans un secteur qu'il connaît peu mais dans lequel il perçoit une opportunité à saisir. Avec sa femme MacKenzie Bezos, il choisit d'installer le siège de sa nouvelle entreprise à Seattle, le berceau de Microsoft (créé par Bill Gates, né en 1955, et Paul Allen, né en 1953). Loin d'être irréfléchi, ce choix est stratégique puisque cette ville se situe à six heures de route de Roseburg (Oregon), l'antre de la plus importante plaque tournante en livres des États-Unis de l'époque, Ingram Industries (crée en 1978 par E. Bronson Ingram II). En outre, la ville regorge d'informaticiens talentueux qui deviendront, pour certains, ses futurs employés. Avec 10 000 dollars en poche auxquels se rajoutent environ 100 000 dollars investis par ses parents, il monte sa start-up dans un... garage ! Jeff Bezos écrit la première page de l'histoire d'Amazon, qui se tournera quelque temps plus tard avec le lancement officiel de sa librairie en ligne en 1995.

D'où vient le nom « Amazon » ?

Avant de se décider pour « Amazon », Jeff Bezos avait notamment songé à plusieurs autres noms, dont certains ont d'ailleurs été déposés :

- Awake.com (« éveil ») ;
- Browse.com (« feuilleter, naviguer sur Internet ») ;
- Bookmall.com (« galerie commerciale de livres ») ;
- Cadabra (nom à consonance magique) ;
- Aard.com, un mot hollandais qui a l'avantage de commencer par la première lettre de l'alphabet et qui est, de ce fait, plus visible dans les annuaires (à l'époque, il n'est pas rare de classer les sites par ordre alphabétique) ;
- Relentless.com (« acharné, implacable »). Bien que leurs amis trouvent ce terme sinistre, les époux Bezos le déposent en septembre 1994 et conservent le nom de domaine. Aujourd'hui encore, si vous tapez Relentless.com, vous serez redirigé vers le site d'Amazon.com.

Enfin, en référence à l'Amazone, le plus long fleuve au monde qui traverse le Nord du Brésil sur plus de 6 000 kilomètres, Jeff Bezos décide de donner le nom « Amazon » à son site. Ambitieux, il entend imposer son projet de plus grande librairie au monde – ce qu'elle deviendra rapidement – et ne craint pas d'y associer l'image à la fois puissante et exotique du célèbre fleuve.

Depuis 2000, le logo de la multinationale est composé du terme « Amazon » et d'une flèche jaune orangé allant du A au Z, qui esquisse un sourire dont la symbolique renvoie à la satisfaction du client. Auparavant, le logo représentait le fleuve de manière stylisée.

Logos Amazon

Avant 2000

Après 2000

DÉVELOPPEMENT DE L'ENTREPRISE

MOTS-CLÉS

- _Cloud computing_ : infrastructure de stockage de données numériques en ligne qui est consultable à partir de n'importe quel support connecté à Internet. Le _cloud computing_ ou « informatique en nuage » sert à sauvegarder des données personnelles sur une plateforme en ligne.
- Ebook : livre électronique qui est édité et diffusé en version numérique, ce qui permet à l'utilisateur de le télécharger, de le stocker et de le consulter sur une liseuse (Kindle d'Amazon, par exemple), un écran ou une tablette.
- Kindle : liseuse de livres numériques (ebooks) conçue par Amazon, qui se rapproche de la tablette tactile par son format.
- Longue traîne : principe d'économie désignant la stratégie qui consiste à proposer et à vendre une grande diversité de produits, chacun en petite quantité (expression popularisée en 1994 par Chris Anderson, journaliste né en 1961).
- _Marketplace_ : espace digital dans lequel des particuliers peuvent vendre leurs produits directement aux utilisateurs.
- NASDAQ (_National Association of Securities Dealers Automated Quotations_) : deuxième plus grand marché boursier des États-Unis, qui regroupe des indices d'entreprises cotées en Bourse (souvent des sociétés actives dans le secteur IT, comme Apple, eBay, etc.).
- Netéconomie : nouvelles pratiques économiques tirant leur origine de la révolution provoquée par l'usage d'Internet.

LA CRÉATION DE LA START-UP

Le 16 juillet 1995, le site Amazon.com est officiellement lancé sur le Web après plusieurs mois de test qui ont été nécessaires afin d'améliorer l'ergonomie et l'homogénéité du site sur différents systèmes d'exploitation d'ordinateur. En 30 jours seulement, sans coup de pouce de la presse ni même de la publicité, Amazon vend ses premiers livres dans 50 États d'Amérique et dans 45 pays étrangers : le bouche-à-oreille fonctionne à merveille et laisse entrevoir de grandes possibilités de développement. Le premier livre vendu sur

Amazon.com est *Fluid Concepts and Creative Analogies* de Douglas Hofstadter (né en 1945). En septembre de la même année, le chiffre de ventes d'Amazon atteint 80 000 $. Acharnés, Bezos et son équipe de développeurs continuent d'améliorer le site en y introduisant des services supplémentaires tels que la commande en un clic (fonction-nalité qui facilite l'acquisition en évitant de devoir encoder toutes les données de paiements), la vérification de l'achat par mail ou encore l'avis des clients. La société se développe tellement vite que personne n'aurait pu imaginer un tel engouement.

Force est de constater que les premiers utilisateurs achètent des manuels d'informatique, des bandes dessinées, des livres sur des instruments de musique anciens, des guides de sexologie et toutes sortes d'exemplaires particulièrement difficiles à trouver en librairie classique. La première année, par exemple, le best-seller est un livre de Lincoln D. Stein (programmeur informatique, né en 1960) qui traite de la manière dont on peut créer un site internet. Les com-mandes proviennent de partout et sont passées par des clients aux profils variés. Le phénomène Amazon touche toutes les couches de la population : depuis les soldats partis en mission à l'étranger qui recherchent du divertissement jusqu'aux personnes lambda qui ne peuvent se rendre facilement dans une librairie physique, en passant par les scientifiques férus de livres pointus. Amazon est perçu comme une véritable mine d'or !

AMAZON COTÉ EN BOURSE

Dès son introduction en Bourse sur le marché d'actions du NASDAQ en 1997, l'ascension d'Amazon est fulgurante, passant de 148 mil-lions $ de capitalisation boursière à environ 200 milliards $ en moins de 20 ans, avec une action dont la valeur progresse en moyenne de 37 % depuis sa cotation d'entrée (18 $ en 1997 ; environ 440 $ en 2015).

Pourtant ce n'était pas gagné d'avance, car en plus de lancer un projet à la stratégie commerciale décalée, Amazon doit faire face au sombre épisode de l'explosion de la bulle internet au début du XXIe siècle qui sonne le glas pour bon nombre de sociétés issues du secteur technologique et d'Internet. Toutefois, Amazon – tout comme Yahoo, eBay ou encore AOL – parvient à s'en sortir. Durant cette crise économique de grande ampleur, on raconte même que Jeff Bezos est resté concentré et a fait preuve d'une grande maîtrise de soi, digne des plus grands entrepreneurs. Dans le best-seller consacré au parcours du père d'Amazon, *Amazon. La boutique à tout vendre*, Brad Stone (né en 1971) cite par exemple les propos de l'un des anciens vice-présidents du groupe, Mark Britto (né en 1964) : « Nous courions, paniqués, dans les couloirs, à nous demander ce que nous allions pouvoir faire, mais pas Jeff. » Il ajoute même : « Je n'ai jamais vu quelqu'un d'aussi calme au milieu de la tempête. De l'eau glacée coule dans ses veines. »

Suite à cet épisode, Bezos impose un management de fer et signe des partenariats avec des entreprises afin de bénéficier de certains de leurs services et de leur technologie : le géant du jouet américain ToysRus (fondé en 1948) ou encore la chaîne de librairies Borders Group (depuis 1971). Leader inspirant, il réaffirme sa volonté de bâtir une entreprise pérenne, capable d'apprendre de ses erreurs, et de développer une marque forte dont le but premier est de répondre aux besoins de ses clients.

LE TRIOMPHE D'AMAZON

Un business model non conventionnel

<u>**MOTS-CLÉS**</u>

- <u>Business model ou modèle d'entreprise</u> : il décrit avec précision le positionnement de l'entreprise, les objectifs de l'activité, les ressources nécessaires à la mise en œuvre des moyens pour les atteindre, ainsi que les principes de fonctionnement et les valeurs de l'entreprise concernée. Par conséquent, il rend compte de la stratégie envisagée par une entreprise pour développer et exploiter un avantage concurrentiel susceptible de créer et de générer de la valeur ajoutée pour elle et pour son client.
- <u>Business plan ou plan d'affaires</u> : document écrit à la suite de l'élaboration (ou de la révision) du business model, il permet de formaliser un projet de création d'entreprise ou de lancement de nouvelles initiatives. Il regroupe la définition de la nature de la société, sa stratégie de vente et de marketing, sa situation financière et les prévisions (échéancier) de développement nécessaire pour atteindre les objectifs fixés. Utile pour lever des fonds car il présente un message concret et cohérent, le business plan permet surtout de ne négliger aucun aspect dans l'élaboration du projet.

Si, jusqu'à présent, Amazon a la réputation d'être une entreprise qui ne génère que de maigres profits, passant même parfois dans le rouge, il faut bien avouer que son succès est retentissant et qu'il bat désormais tous les records de vente. Dans un premier temps, son objectif n'est pas de faire le plus de profits possible, mais de vendre le plus possible. L'équilibre financier de l'entreprise s'appuie donc sur le business model de la longue traîne : de très nombreux produits y sont vendus chaque mois, et ce en très petite quantité.

À ses débuts, Amazon perdait même de l'argent à chaque produit vendu. Et pour cause : tous les livres qui sont commercialisés sur le site affichent une remise de 10 % par rapport au prix d'origine ; certains – ceux qui figurent dans la catégorie *spotlight* (« en vedette ») – peuvent même être vendus avec une réduction allant jusqu'à 40 %. Le manque de bénéfices se justifie également au regard des investissements massifs injectés dans la structure pour son lancement. Suivant cette logique, une bonne partie du chiffre d'affaires est immédiatement réinvestie, soit pour construire de nouveaux entrepôts, soit pour améliorer le marketing, le référencement bibliographique complexe ou le service clientèle.

AMAZON FAIT TREMBLER LES ACTIONNAIRES

Dans les premières années d'exploitation de la société, Amazon fait trembler ses actionnaires majoritaires qui craignent pour leur investissement en constatant la stratégie commerciale peu commode de la libraire en ligne. Il leur faudra attendre le mois de janvier 2001 pour enfin entrevoir un possible retour sur investissement, aussi maigre soit-il : Amazon annonce son premier trimestre positif, avec un bénéfice net de cinq millions de dollars, soit un centime symbolique par action.

Ce principe de promotion sur les articles jumelé à une stratégie globale de réduction des frais pour les consommateurs a finalement engendré une dynamique de domination du marché par les coûts. En outre, la politique de vente d'Amazon influence peu à peu les comportements des utilisateurs, ce qui place dans une mauvaise posture de nombreux concurrents directs : le site propose en effet un très grand nombre de produits, tout en ayant la capacité de les fournir en très grande quantité. Désormais en position de force, Amazon parvient à :

- faire pression sur ses fournisseurs pour acheter leurs produits toujours moins chers ;

- diminuer ses coûts fixes directement liés aux espaces de stockage et de vente, dans la mesure où le numérique permet de dégager des marges importantes et une offre presque illimitée ;
- réduire ses coûts fixes liés à la livraison et au stockage puisqu'ils se font en très grande quantité. En outre, Amazon possède ses propres entrepôts et camions de livraison ; il n'y a donc nul besoin de passer par des intermédiaires, et sa marge de profitabilité augmente ;
- s'inviter dans les foyers aux quatre coins du globe grâce à son offre concurrentielle.

En fin de compte, le géant de l'e-commerce arrive à tirer son épingle du jeu en favorisant la satisfaction de la clientèle, levier fondamental qui présage d'une croissance à long terme.

Ventes d'Amazon 1996-2015

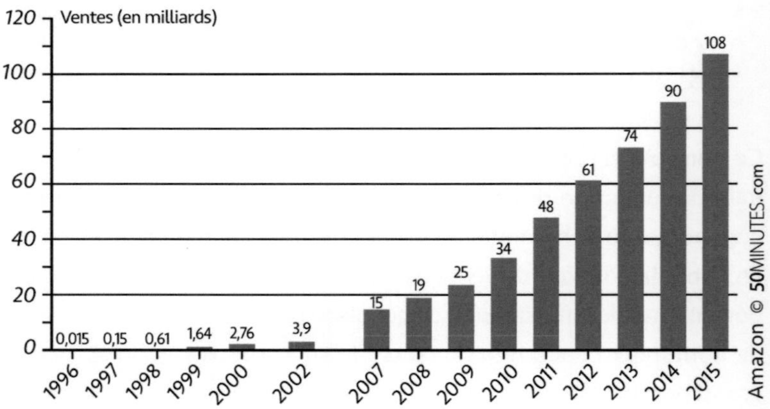

Une stratégie de vente ambitieuse

- **La diversification.** Jeff Bezos comprend très rapidement que pour vendre plus, il a tout intérêt à diversifier son offre. C'est pourquoi, petit à petit, le catalogue d'Amazon s'étoffe, proposant de nombreux autres produits, comme des vêtements, des pièces automobiles, du matériel informatique, des jouets, etc. Dès 1997, l'homme d'affaires annonce son intention de transformer « la plus grande librairie sur la terre » en « un plus grand magasin sur la terre ». Jamais à court d'idées, Amazon lance entre autres :

- la *marketplace* (service permettant aux particuliers de vendre leurs propres produits directement sur le site Amazon.com) en novembre 2000 aux États-Unis (2003 en France). En 2014, plus d'un milliard d'articles ont été commandés dans le monde via ce service pour un montant cumulé s'élevant à plusieurs dizaines de milliards \$;
- le *cloud computing* (stockage de contenus numériques sur le Web) en 2006, à destination des particuliers (Amazon Cloud Drive) et des professionnels (Amazon Web Service) ;
- le premier Kindle en 2007 aux États-Unis, commercialisé à l'international en 2009.

Ainsi, le groupe propose, en plus des produits les plus populaires, stockés directement dans ses entrepôts, des services innovants, uniques et rares. L'objectif d'Amazon est clairement de devenir le point central pour tous les achats des consommateurs. Son logo se fait le reflet de cette idée : la flèche qui relie le A et le Z signifie qu'il est possible de tout trouver sur le site.

- **L'expérience utilisateur.** Son succès, Amazon ne le doit pas uniquement à une bonne idée exploitée au bon moment. Si Jeff Bezos se focalise sur les techniques de vente, il met également un point d'honneur à satisfaire sa clientèle. Ce faisant, il fidélise ses utilisateurs dont les plus réguliers participent grandement à l'équilibre financier du groupe. Pour améliorer constamment l'expérience client, il investit sans cesse dans les infrastructures logistiques, qui assurent le suivi des livraisons et le service après-vente. En 2015, Amazon compte près de 300 millions de clients qu'il faut satisfaire à chaque instant, car sans acheteur, aucun revenu n'est possible. Pour y parvenir, la société développe de nombreuses méthodes, souvent reprises par ses concurrents, mais rarement égalées, parmi lesquelles on retrouve :

- l'avis des consommateurs. Dès 1995, Amazon propose à ses utilisateurs de laisser leur avis sur les produits qu'ils viennent d'acheter afin de permettre aux autres clients de s'assurer de leur qualité ;
- les recommandations d'achat. Amazon est le premier à mettre en place un système de recommandations personnalisées pour chaque utilisateur suivant ce qu'il vient de consulter ou d'acheter (par exemple, la section « Les clients qui ont acheté cet article ont aussi acheté... ») ;
- le panier d'achats. En plus d'avoir optimisé au maximum le processus de commande sur son site au niveau de la sécurité des paiements, Amazon a mis en place un système de commande « en 1-Click », rapide et pratique, pour éviter que les acheteurs n'abandonnent leur commande avant d'avoir validé leur panier.

« Bezos prend le service client si sérieusement qu'il laisse les clients le contacter directement par email. » (RUSSEL (Kyle), « 9 Interesting Facts About Jeff Bezos From The Big New Amazon Book », in *Business Insider*, novembre 2013. La traduction est nôtre.)

Cette stratégie ambitieuse comporte cependant quelques points sujets à controverse, qui pourraient poser problème dans le futur.

- **L'abus de pouvoir dominant ou stratégie tentaculaire.** En diversifiant son offre de services et de produits en continu et en s'imposant sur tous les marchés, le groupe fait pression sur les petites sociétés afin de perpétuellement réduire le coût de ses dépenses. Cet abus de position dominante lui vaut bon nombre de détracteurs.

- **Le dumping.** Cette pratique désigne des actions commerciales déloyales, voire abusives d'une société envers la concurrence : par exemple, le fait de vendre un produit à perte pour fidéliser la clientèle. Suite à une mesure prise par le Sénat français en 2014 interdisant la gratuité des frais de port pour la vente de livres à distance afin de ne pas léser les libraires indépendantes, Amazon.fr a néanmoins réussi à contourner la règle en proposant la livraison à un centime d'euro.

Le stockage et la livraison

Le stockage dans les entrepôts d'Amazon	La livraison aux clients
• Amazon dispose de près de 110 centres de distribution répartis à travers le monde qui s'étendent sur plus de sept millions de m² au total. Ils sont situés à proximité des échangeurs autoroutiers, dans des zones industrielles. • Les produits les plus demandés sont systématiquement stockés dans les entrepôts, contrairement aux plus rares qui sont gardés dans quelques entrepôts seulement. • Gestion de stockage des produits numériques (musiques, livres, etc.) dans les systèmes informatiques puissants de la société.	• Brièveté du délai entre la commande de l'utilisateur sur le site et la livraison du produit à domicile ou dans un point de relais (les ouvriers des entrepôts logistiques remplissent les camions de livraison toutes les trois minutes en moyenne quel que soit le pays). • Frais de livraison de 0,01 € pour n'importe quelle commande de produits neufs (stratégie élaborée pour contourner la législation stricte à ce sujet). • Distribution numérique. • Système de traçabilité des commandes disponible.

La réussite de l'entreprise repose en partie sur la rapidité de la livraison (environ deux jours ouvrables). De plus, les frais de port extrêmement réduits – voire gratuits dans certains cas et avec Amazon Prime (États-Unis) ou Amazon Premium (France) – pour n'importe quelle commande de produits neufs sont une stratégie innovante et audacieuse.

Par ailleurs, le groupe teste en 2015 un nouveau service de livraison par taxi en Californie. Le principe est simple : Amazon commande un taxi qui livre x produits dans l'heure. Le but de cette manœuvre est de limiter les frais de livraison, de faire preuve d'une plus grande flexibilité, de livrer rapidement pour ainsi devancer les concurrents dans la quête de la livraison le jour même. En décembre 2013, Jeff Bezos présentait également au public un projet de système de livraison par drone intitulé « Prime Air », très écologique selon lui mais rapidement abandonné tant les obstacles juridiques, techniques et de sécurité ne permettaient pas son utilisation à court terme.

LA CULTURE DE L'ENTREPRISE

Un rythme à tenir

En 2015, Amazon emploie 154 100 employés à travers le monde, soit autant que Google et Apple réunis. Si l'entreprise compte de nombreux passionnés de technologies et experts du Net s'étant consacré corps et âme au développement de celle-ci, il semblerait que la motivation des débuts soit un peu éprouvée par les méthodes strictes du management imposées par le PDG, qui se préoccupe surtout de la satisfaction du client et de la croissance de son entreprise.

C'est que Bezos élabore des objectifs serrés pour les employés, établis à partir d'équations complexes afin de mesurer leur niveau de compétences : il attend d'eux qu'ils fournissent toujours le meilleur d'eux-mêmes, ce qui n'est pas de tout repos. À vrai dire, Bezos lui-même s'impose un certain rythme et, bien que patron, fondateur de l'entreprise et multimillionnaire, l'exigence et le dévouement dont il fait preuve à l'égard de l'entreprise restent ses principales qualités.

Non aux dépenses jugées inutiles

Homme déterminé jusqu'à l'obsession, Jeff Bezos impose une gestion financière drastique dans laquelle la moindre dépense inutile est à bannir. Les bureaux construits à partir de portes récupérées et les contributions aux frais de parking en sont des exemples, tout comme l'instauration d'une carte de fidélité permettant d'obtenir une boisson gratuite au dixième achat sur le lieu de travail. D'ailleurs, bien que PDG du groupe, il insiste pour faire poinçonner sa carte.

AMAZON AUJOURD'HUI : UN HORIZON DÉGAGÉ POUR LE GÉANT DE LA VENTE EN LIGNE

PERSPECTIVES – RÉSULTATS ET AJUSTEMENTS

Fidélisation du client

Si, à l'origine, le business model d'Amazon est construit sur une stratégie de profit à très long terme, en veillant à rendre disponible à la vente un maximum de produits qui génèrent individuellement un faible bénéfice, l'autre mot d'ordre est la réduction du coût des produits afin que le client puisse bénéficier de frais de livraison quasi nuls ainsi que des promotions constantes. Ces attentions sont de véritables arguments de fidélisation de la clientèle, ce qui assure au groupe des revenus réguliers. Il est en effet toujours plus facile – et moins coûteux – de garder des clients en améliorant leur expérience, plutôt que de convertir de nouveaux utilisateurs.

Pour illustrer cet état de fait, rappelons-nous qu'en 2011, la société lance sa tablette numérique (Kindle Fire) à un prix défiant toute concurrence : 199 $ sur le marché américain. Bien que ces tablettes se vendent à perte, Amazon ne va pas à l'encontre de son intérêt. En vendant sa tablette à bas prix, Bezos souhaite réaliser par la suite des bénéfices sur les achats annexes (ebooks, films, jeux ou diverses applications). En 2013, grâce à cette stratégie, les Kindles Fire représentaient 33 % de l'ensemble des tablettes Android en circulation dans le monde (JOHNSTON (Casey), « Kindle Fire Nabs 33 % of Android Tablet Market, Nexus 7 just 8 % », in *Ars Technica*, janvier 2013).

Omniprésence

Pour être présent partout, Amazon procède au rachat – ou du moins, achète des parts – des entreprises de ses concurrents locaux afin de pénétrer sur les différents marchés nationaux. En prenant possession de plusieurs sites commerçant dans les pays où il souhaite se développer, Amazon vise la croissance internationale. Ainsi, ses différentes acquisitions lui permettent d'augmenter sa visibilité et dès lors de vendre encore plus.

Malgré le fait qu'Amazon réinvestisse systématiquement la majeure partie de ses marges à court terme afin d'augmenter ses parts de marché, son chiffre d'affaires continue à progresser en moyenne de 29 % chaque année depuis 10 ans, tandis que la progression de sa rentabilité nette sur la même période est d'à peine 2 %, et était dans le rouge en 2012 et 2014.

Prévisions et résultats

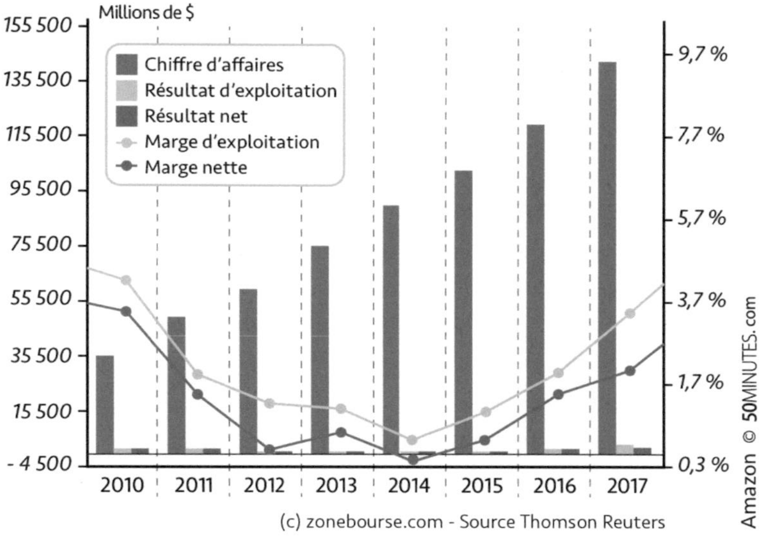

Les colonnes bleues illustrent son chiffre d'affaires. Les tendances de ce graphique annoncent une estimation du bénéfice net en croissante évolution à partir de 2016, ce qui signifie qu'Amazon prévoit de toucher des bénéfices conséquents : sa stratégie d'investissement devrait donc enfin porter ses fruits et lui assurer un avenir radieux.

Selon ces prévisions, tout va pour le mieux chez Amazon : les stratégies d'investissement massif et de rachat des concurrents sont porteuses de croissance à long terme, et il semblerait même que rien ne puisse l'arrêter dans sa conquête du monde. Non seulement l'entreprise parvient à se diversifier constamment, car elle lance chaque année de nouveaux produits ou services innovants, mais elle a également les moyens de mettre à mal la concurrence en cassant les prix des marchés ainsi qu'en prodiguant un service client irréprochable.

DÉFIS FUTURS ET FREINS

Malgré ses bonnes performances, plusieurs défis attendent la boutique à tout vendre, des pierres d'achoppement susceptibles, à terme, de ralentir son développement si aucune mesure n'est prise pour y remédier.

- **La fragilité économique.** Bien que les perspectives d'avenir s'annoncent bonnes, Amazon doit continuer à diversifier ses sources de revenus afin d'assurer sa pérennité. Il pourrait par exemple s'inspirer d'un modèle comme celui de son concurrent chinois Alibaba.com, une *marketplace* qui met en relation vendeurs et acheteurs, mais qui ne prend pas à sa charge la gestion de l'approvisionnement, du stockage et de l'expédition des colis commandés ; au contraire d'Amazon qui réalise la majorité de ses revenus en vendant et en expédiant lui-même les produits qu'il référence. Ce fonctionnement apporte à l'entreprise chinoise une profitabilité bien supérieure à celle du géant américain et des marges avant impôt de plus de 50 %, lorsqu'elles sont nulles ou négatives chez Amazon.

- **Les investisseurs.** Après avoir pu compter sur des investissements massifs pour développer sa stratégie de croissance, le groupe doit veiller à donner satisfaction aux actionnaires (dividendes), au risque de les voir perdre patience et quitter le navire.
- **Les avantages fiscaux.** L'optimisation fiscale risque de devenir plus difficile à mettre en place puisque la législation se rigidifie, notamment en Europe. Pourtant, pour donner à l'entreprise une image d'une société intègre et responsable, Amazon devrait montrer l'exemple en payant plus d'impôts, car elle est le modèle de réussite économique par excellence.
- **La concurrence.** Si l'on observe un renforcement de la concurrence en ligne – parmi les plus offensifs, on compte Alibaba.com, eBay ou encore Walmart –, et ce même si le géant affiche une politique de rachat massif de sociétés, ses véritables concurrents restent les commerces physiques, car de nombreux consommateurs préfèrent encore essayer le produit en magasin et en disposer immédiatement après l'achat.
- **Les ressources humaines et le management.** Pour éviter d'avoir à subir des répercussions médiatiques nuisibles au groupe, Amazon doit instaurer un management plus respectueux de ses employés dont on attend toujours un rendement optimal et qui, à la longue, peuvent finir par se désolidariser du projet.

EN RÉSUMÉ

1994	Création d'Amazon
1995	Lancement du site Amazon.com et vente du premier livre
1997	Introduction en Bourse (NASDAQ - 18 $)
1998	Ouverture des boutiques CD et DVD sur Amazon.com
2000	Lancement du site Amazon.fr et lancement du *Marketplace* sur Amazon.com
2003	Lancement du *Marketplace* sur Amazon.fr
2006	Lancement d'Amazon Web Services et d'Amazon Cloud Drive
2007	Lancement du Kindle aux États-Unis
2009	Lancement du Kindle en France
2011	Lancement de Kindle Direct Publishing en France
2012	Lancement du premier Kindle Touch, Kindle Fire HD, Kindle Fire, Kindle Paperwhite et ouverture de l'App-shop en France
2013	Lancement de Kindle Paperwhite (6ᵉ génération) et de Kindle Fire HDX
2014	Lancement de Kindle (7ᵉ génération), de Fire HD6, Fire HD7 et de Fire HDX 8, de la formule Kindle Unlimited ainsi que du service de musique en streaming d'Amazon
2015	Lancement du Dash Button et du *Dash Replenishment Service* aux États-Unis

- Amazon a été créé en 1994 par Jeff Bezos, entrepreneur de génie, qui perçoit le potentiel qu'offre la fulgurante croissance d'Internet dans les années quatre-vingt-dix.

- La start-up a survécu au krach boursier de la « bulle internet » du début des années 2000 et a réussi à tirer son épingle du jeu : après avoir convaincu – et fait patienter durant une longue période de croissance – d'importants investisseurs, elle atteint aujourd'hui près de 200 milliards $ de capitalisation boursière, se plaçant ainsi dans le top 20 des sociétés les plus influentes du monde. Les prévisions du bénéfice net sont optimistes, aussi l'avenir de la société semble-t-il assuré.

- La diversification des services et des produits proposés, la satisfaction des clients et l'innovation permanente participent au sacre d'Amazon, actuellement perçu comme le leader de l'e-commerce avec plus de 150 millions de références disponibles à travers le monde (mai 2015). Souhaitant que le site devienne « *an everything store* », le groupe – auquel s'ajoutent les vendeurs tiers qui commercialisent leurs marchandises sur Amazon – propose aujourd'hui des millions de produits neufs et d'occasion dans des catégories telles que :
  - livres ;
  - DVD ;
  - musique et jeux ;
  - téléchargements numériques ;
  - produits électroniques et informatiques ;
  - maison et jardin ;
  - jouets pour enfants et bébés ;
  - vêtements ;
  - chaussures et bijoux ;
  - santé et beauté ;
  - sports et loisirs de plein air et outils.
- La stratégie de vente d'Amazon, qui consiste à proposer toutes sortes de produits aux prix les plus bas du marché, est sans nul doute la clé de son succès. Ce géant de l'e-commerce place l'expérience client au cœur de ses préoccupations et investit sans cesse pour parvenir à fidéliser les utilisateurs (infrastructures logistiques, suivi des livraisons et service après-vente).
- Depuis l'apparition de la netéconomie, l'e-commerce continue de progresser chaque année à une vitesse fulgurante : l'impact sur les points de vente physiques est énorme et on dénombre quantité de faillites, malgré les mesures prises par les Gouvernements pour tenter de limiter ce phénomène mondial.

- Jeff Bezos a plus d'une corde à son arc et agit souvent de manière inattendue. Pour preuve, on retiendra son projet de conquête spatiale dont il rêvait depuis l'enfance, Blue Origin, ainsi que le rachat à titre personnel du très célèbre journal américain à la ligne éditoriale indépendante et centriste *The Washington Post* (créé en 1877).

Votre avis nous intéresse !

Laissez un commentaire sur le site de votre librairie en ligne
et partagez vos coups de cœur sur les réseaux sociaux !

POUR ALLER PLUS LOIN

SOURCES BIBLIOGRAPHIQUES

- AMAZON, « 2013 : année record pour la marketplace d'Amazon », in *Amazon-presse.fr*, janvier 2014, consulté le 20 juillet 2015. http://webcache.googleusercontent.com/search?q=cache:3NlC19pRuOwJ:amazon-presse.fr/dam/jcr:a3ef7a61-d104-4ed5-9b2f-10490c4e6b96/2013-Anne-record-pour-la-Market-Place-dAmazon(1).pdf+&cd=1&hl=fr&ct=clnk&gl=be
- « Amazon.com », in *Wikinvest.com*, 2015, consulté le 20 juillet 2015. http://www.wikinvest.com/stock/Amazon.com_(AMZN)
- « Amazon.com », in *Zonebourse.com*, 2015, consulté le 20 juillet 2015. http://www.zonebourse.com/AMAZONCOM-INC-12864605/
- « Cloud Computing », in *Futura-sciences.com*, consulté le 20 juillet 2015. http://www.futura-sciences.com/magazines/high-tech/infos/dico/d/informatique-cloud-computing-11573/
- « Comment Jeff Bezos a eu l'idée de créer Amazon », in *Planet.fr*, mai 2014, consulté le 20 juillet 2015. http://www.planet.fr/revue-du-web-comment-jeff-bezos-a-eu-lidee-de-creer-amazon.610687.1912.html
- CROCHET-DAMAIS (Antoine), « Amazon : 5 milliards de dollars de chiffre d'affaires dans le Cloud », in *Journal du Net*, avril 2015, consulté le 20 juillet 2015. http://www.journaldunet.com/solutions/cloud-computing/chiffre-d-affaires-d-amazon-web-services-0415.shtml
- DARMANIN (Jules), « Amazon crée un bouton pour ceux qui en ont marre d'aller sur le Web », in *LeFigaro.fr*, avril 2015, consulté le 20 juillet 2015.

http://www.lefigaro.fr/secteur/high-tech/2015/04/01/32001-20150401ARTFIG00097-amazon-cree-un-bouton-pour-ceux-qui-en-ont-marre-d-aller-sur-internet.php

- DEGOBERT (Olivier), « La personnalisation, l'an 2 de l'e-réservation », in *Journal du Net*, juillet 2015, consulté le 20 juillet 2015.
http://www.journaldunet.com/ebusiness/expert/61671/la-personnalisation--l-an-2-de-l-e-reservation.shtml

- DESCHAMPS (François), « Le chiffre d'affaires d'Amazon en hausse de 15 % au premier trimestre 2015 », in *Ecommercemag.fr*, avril 2015, consulté le 20 juillet 2015.
http://www.ecommercemag.fr/Thematique/cross-canal-1009/strategies-10040/Breves/chiffre-affaires-Amazon-hausse-premier-trimestre-2015-254053.htm

- D'ONFRO (Jillian), « 14 Quirky Things You Didn't Know About Amazon », in *Business Insider*, mai 2014, consulté le 20 juillet 2015.
http://www.businessinsider.com/amazon-jeff-bezos-facts-story-history-2014-5?op=1&IR=T&IR=T

- GARCIA (Anthony), « Amazon, sa réussite et ses perspectives d'avenir », in *Calameo.com*, 2014, consulté le 20 juillet 2015.
http://fr.calameo.com/read/0035184406823c44ce8ab

- GAILLAT (Benoît), « Liste des acquisitions d'Amazon depuis 1998 », in *Info-Ecommerce*, 2010, consulté le 20 juillet 2015.
http://www.info-ecommerce.fr/1708/liste-des-acquisitions-damazon-depuis-1998

- GUILLOU (Clément), « Le petit problème d'Amazon résumé en un graphique », in *L'Obs*, septembre 2013, consulté le 20 juillet 2015.
http://rue89.nouvelobs.com/2013/10/28/petit-probleme-damazon-resume-graphique-247014

- PANNELL (Dave), « Has "Digital" Killed Your Logo ? », in *Davepannell.com*, février 2015, consulté le 20 juillet 2015.
http://www.davepannell.com/has-digital-killed-your-logo/

- FLAMANT (Benoît), « La clémence de Wall Street vis-à-vis d'Amazon n'est pas si paradoxale », in *LeMonde.fr*, juin 2015, consulté le 20 juillet 2015.
http://www.lemonde.fr/argent/article/2015/06/08/la-clemence-de-wall-street-vis-a-vis-d-amazon-n-est-pas-si-paradoxale_4649483_1657007.html
- « Jeffrey P. Bezos. Inventing E-commerce », in *Academy of Achievement*, septembre 2013, consulté le 20 juillet 2015.
http://www.achievement.org/autodoc/page/bez0bio-1
- JOHNSTON (Casey), « Kindle Fire Nabs 33 % of Android Tablet Market, Nexus 7 Just 8 % », in *Ars Technica*, janvier 2013, consulté le 20 juillet 2015.
http://arstechnica.com/gadgets/2013/01/kindle-fire-nabs-33-of-android-tablet-market-nexus-7-just-8/
- « La stratégie marketing d'Amazon », in *DigiSchool*, consulté le 20 juillet 2015.
http://www.marketing-etudiant.fr/marques/amazon-marketing.html
- LAZERGES (Alexandre), « Histoire d'un géant », in *Journal du Net*, août 2000, consulté le 20 juillet 2015.
http://www.journaldunet.com/0008/000825amazon2.shtml
- « Le géant Amazon perd de l'argent en 2014 », in *LeFigaro.fr*, juillet 2014, consulté le 20 juillet 2015.
http://www.lefigaro.fr/secteur/high-tech/2014/07/25/32001-20140725ARTFIG00120-le-geant-amazon-perd-de-l-argent-en-2014.php
- LESNIAK (Isabelle), « Les débuts de Jeff Bezos et d'Amazon », in *Les Echos.fr*, mai 2014, consulté le 20 juillet 2015.
http://www.lesechos.fr/enjeux/business-stories/management/0203347905121-exclusif-les-debuts-de-jeff-bezos-et-d-amazon-654961.php
- MALET (Jean-Baptiste), « Amazon, l'envers de l'écran », in *LeMondeDiplomatique.fr*, novembre 2013, consulté le 20 juillet 2015.
http://www.monde-diplomatique.fr/2013/11/MALET/49762

- MOREL (Claire), « Amazon.fr : L'expérience client doit s'améliorer en permanence », in *RelationClientmag.fr*, septembre 2014, consulté le 20 juillet 2015.
  http://www.relationclientmag.fr/Thematique/acteurs-strategies-1014/Breves/Amazon-experience-client-doit-ameliorer-permanence-246247.htm
- NAUGHTON (John), « Amazon's History Should Teach us to Beware "Friendly" Internet Giants », in *TheGuardian.com*, février 2014, consulté le 20 juillet 2015.
  http://www.theguardian.com/technology/2014/feb/22/amazon-beware-friendly-internet-giants-google-facebook
- NOESSER (Julie), « Jeff Bezos (né en 1964), Amazon.com. L'inventeur et le leader de l'e-commerce », in *Capital*, janvier 2014, consulté le 20 mai 2015.
  http://www.capital.fr/enquetes/histoire-eco/les-50-plus-grands-patrons-de-l-histoire/jeff-bezos-ne-en-1964-amazon.com-l-inventeur-et-le-leader-de-l-e-commerce/(offset)/2
- « Overview », in *Amazon-corporate*, juin 2013, consulté le 20 juillet 2015.
  http://phx.corporate-ir.net/phoenix.zhtml?c=176060&p=irol-Mediakit
- PALMER (Katie M.) et PATEL (Neel V.), « Jeff Bezos' Blue Origin Just Launched its Flagship Rocket », in *Wired.com*, avril 2015, consulté le 20 juillet 2015.
  http://www.wired.com/2015/04/jeff-bezos-blue-origin-just-launched-flagship-rocket/
- RUSSEL (Kyle), « 9 Interesting Facts About Jeff Bezos From The Big New Amazon Book », in *Business Insider*, novembre 2013, consulté le 20 juillet 2015.
  http://www.businessinsider.com/9-new-facts-about-jeff-bezos-2013-11?op=1&IR=T&IR=T
- STONE (Brad), *Amazon. La boutique à tout vendre*, Paris, First Interactive, 2013.

- THE STATISTICS PORTAL, « Statistics and Facts About Amazon », in *Statista.com*, consulté le 20 juillet 2015.
  http://www.statista.com/topics/846/amazon/
- « Timeline History Amazon.com », in *AmazonGenius.com*, consulté le 20 juillet 2015.
  http://amazongenius.com/timeline-history-amazon-com/
- YGLESIAS (Matthew), « L'histoire de Jeff Bezos, fascinant et inquiétant patron d'Amazon », in *Slate.fr*, novembre 2013, consulté le 20 juillet 2015.
  http://www.slate.fr/story/79626/amazon-jeff-bezos

SOURCES COMPLÉMENTAIRES

- Site d'Amazon.
  http://www.amazon.fr/
- BRANDT (Richard L.), *Amazon. Les secrets de la réussite de Jeff Bezos*, Paris, Telemaque, 2012.
- HICHBIAH (Daniel), *Les rebelles numériques*, Paris, First Interactive, 2014.
- LASHINSKY (Adam), « Amazon Jeff Bezos. The Ultimate Disrupter », in *Fortune*, novembre 2012.
- SPECTOR (Robert), *Amazon.com*, Québec, Un Monde Différent, 2000.

DOCUMENTAIRES

- *24 heures chrono, dans les coulisses des livraisons de colis*, documentaire de France 5, France, 2013.
  https://www.youtube.com/watch?v=U6fKOPnsH4g
- *Amazon. The Truth behind the Click*, documentaire de la BBC, Royaume-Uni, 2013.
  https://www.youtube.com/watch?v=ohO7N6RASEU

- *Werner Vogels à propos d'Amazon Web Service et Mechanical Turk*, documentaire d'Intruders TV, avec Werner Vogels, États-Unis, 2008.
https://www.youtube.com/watch?v=1GsPqZ-smec

www.50minutes.com

Éditeur responsable : Lemaitre Publishing
Avenue de la Couronne 382 | BE-1050 Bruxelles
info@lemaitre-editions.com

ISBN ebook : 978-2-8062-6928-7
ISBN papier : 978-2-8062-6929-4
Dépôt légal : D/2016/12603/120
Photo de couverture : © Maksym Yemelyanov – Fotolia.fr

Conception numérique : Primento,
le partenaire numérique des éditeurs